AF356968

NOTICES

SUR LE CRUCIFIX

ET

SUR LES ÉMAUX ET ÉMAILLEURS

DE LIMOGES.

PAR

M. D. PETIT.

AVANT-PROPOS.

Je crois devoir faire précéder ce Catalogue d'une courte et double Notice, fruit de mes nombreuses recherches et observations; elle ne sera cependant qu'un simple aperçu de ce que je compte publier plus tard sur l'*Histoire du Crucifix*, et sur celle des *Emaux* et des *Emailleurs*.

Il est pénible de voir, dans un siècle aussi conservateur que le nôtre, tant de collections particulières, recueillies avec soin et peine, se disperser sous les yeux d'un gouvernement qui a montré, tout au moins par de nombreuses circulaires dans les départements, sa sollicitude pour la conservation des monuments historiques. Nous voudrions bien qu'il ne s'en tînt pas aux conseils, et qu'il prêchât un peu d'exemple. Nous le demandons, qu'a fait le gouvernement pour la conservation des objets du moyen-âge, si intéressants comme souvenirs historiques, et si recherchés de nos jours ?

La restauration a posé la première pierre d'une galerie nationale, en achetant la collection Revoil, et quelques autres objets curieux, disséminés aujourd'hui çà et là, et presque inaperçus, dans les vastes salles du Louvre. Qu'a-t-on fait pour achever cette galerie si désirée et qui pourrait être si utile pour l'industrie et pour nos artistes, lesquels viendraient y puiser des modèles qui leur manquent ? L'on se plaint de leurs anachronismes ; mais à qui la faute ? faudra-t-il que chaque peintre passe autant de temps en recherches qu'en exécution de tableaux, souvent vendus à vil prix ; tandis qu'il serait si facile à un gouvernement qui se fait voter des millions, au moyen de quelques boules mises en mouvement, d'acheter de temps en temps des collections particulières ? ce serait le plus grand véhicule et le plus grand encouragement à ce que les particuliers devinssent conservateurs ; et lorsqu'on serait assez riche en acquisitions de ce genre, ne pourrait-on pas classer ces objets par siècles, soit meubles, ustensiles, étoffes, armures, et voire même tableaux antérieurs au XVIe siècle, et faire entrer de cette manière le public, si appréciateur de nos jours, du XIXe siècle dans les siècles de Louis XIV, d'Henri IV, de François Ier, de Louis XI, de Philippe de Valois , jusqu'à celui de saint Louis , s'il était possible ; ou de commencer là une galerie des objets plus rares des siècles reculés, jusqu'à celle des antiquités romaines, étrusques et égyptiennes? Ce serait là un monument digne d'une grande nation, qui ferait lire dans ce livre ouvert et instructif ses gloires, son industrie et son honneur.

Né avec le goût des arts et de la conservation, je dois dire, pour que l'on ne me confonde pas avec ces collecteurs mercenaires, que si je me détermine à vendre ma collection et à la voir se disséminer, ce n'est pas sans déchirement, sans y être conduit par des devoirs de position et de famille, et sans avoir, en bon citoyen et en ami de mon pays, épuisé tous les moyens de la conserver réunie, à ma ville et à la France, comme monuments pouvant servir à l'histoire de la Religion et de la monarchie, des progrès et de la dégénération des peuples, des sciences et des arts. Je dois donc déplorer que le peuple de nos jours, si conservateur, soit si peu compris de nos gouvernants et de nos administrateurs; car de nombreuses voix se sont élevées dans la ville de Lyon, pour demander à l'administration municipale de cette grande cité d'acquérir une collection qui offrait tant de ressources pour l'industrie et les arts, lesquels font la richesse et la réputation de son commerce; c'est après avoir vu tant de vœux stériles et mes propositions les plus généreuses incomprises, que je me suis déterminé, après plusieurs années d'attente, à faire une démarche auprès du gouvernement : là, je n'ai pas été plus heureux, on m'a allégué une prétendue impuissance de faire, devant laquelle j'ai dû m'incliner et me déterminer à voir se disséminer une collection qui, réunie à celle du Louvre, aurait commencé une galerie importante.

D. PETIT,

I.

DU CRUCIFIX.

En réunissant les nombreux objets d'arts qui sont décrits dans ce Catalogue, je me demandais pourquoi l'on voyait si peu de Crucifix au delà des XIe et XIIe siècles, et pas du tout des premiers siècles de l'Eglise ; j'interrogeais les objets trouvés dans le sol gallo-romain, que je foulais tous les jours aux pieds, qu'avait rougi le sang des premiers martyrs de la Foi chrétienne, et pas un monument ne venait répondre à ma curiosité sur ce point, ni révéler un fait si important dans l'histoire de la Religion chrétienne, en même temps qu'il est, je crois, trop peu étudié. J'ai visité Rome, cette grande boussole du Christianisme, j'ai parcouru ses musées, j'ai pénétré dans ses catacombes avec cette curiosité avide d'apprendre, et avec ce pieux respect inspiré par les souvenirs que révèle cette cité des martyrs des premiers siècles. Là, j'ai vu des peintures, des mosaïques, et les ornements dont les chrétiens décoraient quelques-uns de ces souterrains. J'interrogeai ces monuments tout palpitants encore de l'esprit du Christianisme : rien, pas une trace de Jésus crucifié ; et à défaut d'avoir pu prolonger ces excursions souterraines, je consultai des livres dans lesquels se trouve la description de ces lieux [1] : je n'y trouvai aucune image déchirante, jamais la flagellation ni aucun trait de la passion ; mais, Jésus-Christ en bon pasteur, portant sa brebis, entouré de ses

---

[1] Bosio, P. Arringhius, Botari, d'Agincourt, Bobletti, et à défaut de Mamachi, du P. Marangoni et d'autres auteurs non moins intéressants, le Tableau des Catacombes de Rome, par l'érudit M. Raoul-Rochette, qui les résume tous avec une grande lucidité.

apôtres; malgré cela le mystère de la rédemption rappelé partout et à chaque instant par le sacrifice d'Abraham et autres sujets bibliques ; car ce vide que je signale du crucifix dans les premiers siècles de l'Eglise, ne peut atteindre en rien la foi; partout, dans les monuments religieux, on trouve cette trace de l'arbre de vie et du grand sacrifice de la rédemption. Ceux qui vous conduisent dans ces labyrinthes sacrés, ne manquent pas de vous faire voir quelques petites croix assez rares et de forme grecque grossièrement faites dans la pierre, l'une à l'entrée même du cimetière de saint Callixte, dans les catacombes de saint Sébastien, dont l'antiquité pourrait être contestée, d'autres sur des pierres tumulaires. Mais que veulent dire ces croix? Sont-elles bien même en mémoire de la mort du souverain Rédempteur? Dans ce cas, je demanderais pourquoi n'ont-elles pas la forme de la croix latine, comme quelques-uns supposent qu'était celle du Sauveur du monde, c'est-à-dire †, ou suivant Grégoire de Tours, comme un T. Ces croix que l'on voit ainsi faites ⊢ c'est-à-dire croix grecques, ne seraient-elles pas tout simplement ce signe de la vie future dont les païens mêmes marquaient ordinairement les sépultures? La croix, dit Caylus, que l'on remarque sur les monuments antiques, mêlée avec d'autres attributs arbitraires, n'a aucun rapport ni trait avec le Christianisme. Cette figure, quand elle est enfermée dans le carré, c'est-à-dire lorsque ses parties sont égales, n'est presque jamais un symbole; elle a été de tout temps le plus simple des ornements et le plus facile à trouver et à exécuter : les plus anciens monuments, et principalement ceux de l'Egypte, en donnent la preuve. Cette observation est si vraie, ajoute Mongez dans son Encyclopédie, page 244, tome 2, que l'on voit une croix placée sur le diadème d'une statue de bronze, trouvée dans les fouilles d'Herculanum. Joseph Barbaro observe que sur quelques-uns des tombeaux, situés auprès du Tanaïs, qu'il trouva dans son ambassade de Perse, on voit une grande pierre avec un trou dans lequel on prétend qu'était placée une croix. Ce serait mal raisonner que de conclure de là que ces tombeaux renfermassent des chrétiens, il n'y en eut jamais dans ces régions ; mais ces croix étaient l'emblème du Dieu qui présidait aux tombeaux. Selon M. D'Hancarville, on a trouvé des croix dans mille autres lieux et sur une multitude de monuments qui n'ont jamais appartenu à des chrétiens, tels que dans le Thibet les statues de quelques divinités indiennes, d'anciennes médailles des Perses, celles de Sidon, et enfin sur les tombeaux de Naxi Rustan auprès de Persépolis. Le temple de Sérapis, à Alexandrie, ayant été détruit dans le 4e siècle de notre ère, on trouva des croix gravées sous plusieurs pierres, dans l'in-

térieur de ses murs : les chrétiens et les païens voulurent se préva-
loir de cette découverte; mais (Socrat. V, Cap. 17,) des gens qui
se disaient instruits des hiéroglyphes et qui avaient embrassé la
Religion chrétienne, assurèrent que, suivant les règles des Egyptiens, la croix signifiait la vie future; c'était une représentation
abrégée du ϗειλις ou du Tau sacré, tous deux emblèmes de la
génération, et par conséquent de la nouvelle vie que les morts
allaient acquérir dans les Champs-Elysées [1].

J'ajouterai encore à ces observations que si ces marques étaient les
signes des chrétiens, en mémoire de la croix du Sauveur, comment
ne trouverait-on pas à plus forte raison dans leurs tombeaux de
ces petites croix qu'ils auraient portées cachées sur eux [2], s'ils vé-
néraient l'image de la croix, comme on le suppose? ce qui me paraît tout au moins douteux. Si les chrétiens eussent vénéré cette
croix depuis la mort du Fils de Dieu fait homme, autrement qu'en
esprit, comment les écrivains sacrés et profanes les plus respecta-
bles auraient-ils discuté si longtemps et si souvent sur la forme
de la croix? La tradition et les monuments n'eussent pas laissé la
question indécise. On dit que Tertullien, qui vivait en 203, semble
admettre cette vénération lorsqu'il dit aux païens (Tertull.
Apolog. 16.) : *Sed et qui crucis nos religiosos putat, consecra-
neus* (confrère, complice) *erit noster, cùm lignum aliquod pro-
pitiatur. Viderit habitus, dum materiæ qualitas eadem sit; viderit forma, dum id ipsum Dei corpus sit; et tamen, quantò dis-
tinguitur à crucis stipite Pallas Attica, et Ceres Pharia, quæ
sine effigie rudi palo et informi ligno prostat? Pars crucis est
omne robur quod erecta statione defigitur. Nos, si fortè, integrum
et totum Deum colimus. Diximus originem deorum vestrorum à
plastis de cruce induci* (Apol. C. 12.); *sed et victorias adoratis,
cùm in trophæis cruces intestina sint trophæorum. Religio tota
castrensis signa veneratur, signa jurat, signa omnibus deis præ-
ponit. Omnes illi imaginum suggestus insignes, monilia crucum*

---

[1] Voyez le dictionnaire de Trévoux, au mot *Croix*. — Le *Journal des Savants* (la
table), *Croix de Jésus-Christ*. — Dissertation du P. Alexandre, dans laquelle il dé-
fend le culte de la croix (1680, 252). — Dissertation sur le *labarum*, par le
P. du Molinet : on y remarque que, longtemps avant la mort de Jésus-Christ,
les Egyptiens avaient donné place à la croix dans leurs temples, comme à un symbole
de leurs principales divinités, tandis que les Juifs ont toujours eu la croix en horreur.

[2] On en aurait, dit-on, trouvé dernièrement, mais savoir dans quelles catacombes?
car il y en a d'antérieures et de postérieures à la conversion de Constantin (324).

[3] On sait que Tertullien, un peu porté à l'exagération, ne représente peut-être
pas toujours et bien exactement l'opinion des Pères de l'Eglise.

sunt ; siphara illa vexillorum et cantabrorum, stolæ crucum sunt. Laudo diligentiam , noluistis nudas et incultas cruces consecrare.

Tertullien ne dit pas que les chrétiens de son temps honorent la croix, il se borne à dire aux païens qu'ils n'ont pas le droit de leur faire un tel reproche, puisqu'on trouve chez eux quelque chose de semblable; ce qui, probablement, se rapporte à celles dont nous avons parlé plus haut comme symbole de la vie future.

D'ailleurs, si l'on veut voir dans ces paroles de Tertullien une preuve qu'il ait existé des représentations de Jésus-Christ sur la croix, je demanderai comment on les conciliera avec les paroles de ce même Tertullien à Hermogène, tout à la fois mauvais chrétien et mauvais peintre, comme le dit l'auteur des Tombeaux de Rome, paroles dans lesquelles quelques-uns ont cru voir une proscription générale de l'art.

En citant ce passage de Tertullien, j'ai voulu prévoir l'appui que pourraient s'en faire quelques contradicteurs, et je ne puis expliquer l'absence presque totale de monuments des trois premiers siècles que par les considérations que j'exposerai plus tard, c'est-à-dire par un sentiment autre que la peur des persécutions ; car que ne peut produire la foi religieuse? et croit-on donc qu'elle n'aurait su, dans ces temps où les tortures les plus inhumaines étaient devenues pour leurs persécuteurs des spectacles récréatifs, leur faire trouver le moyen de fabriquer ou de faire fabriquer des images de la croix ou du crucifiement, pour les porter cachées sur eux ou dans leurs retraites? n'a-t-on pas toujours vu les hommes braver les édits les plus sévères, et n'en trouvons-nous pas des preuves dans presque tous les âges? et si les premiers chrétiens ont pu représenter des bustes du Christ et son emblème sous la forme du poisson [1], à cause que les lettres du mot ἰχθὺς sont les initiales du nom de Jésus-Christ [2], comment n'auraient-ils pas représenté tout simplement sa croix et son crucifiement, s'ils n'eussent été retenus par les sentiments les plus élevés?

Je présume que Tertullien a voulu parler de cette vénération in-

[1] Je tiens de l'obligeance de M. Félix Lajard, de l'Institut, l'empreinte d'un cône gravé, qui est sans contredit des premiers âges du Christianisme : il représente la tête du Christ; au-dessous est un poisson, et au-dessus l'inscription ΧΡΙΣΤΟΥ de Christ .

[2] Voyez *Optat Milevit. in Bibl. Patrum.* t. IV, lib. III ; les dissertations, à ce sujet, de M. Belloc, de Bourg, et le rapport fait, le 29 juin 1841, à l'Académie des sciences, belles-lettres et arts de Lyon, par M. J. B. M. Nolhac.

térieure des chrétiens pour la croix de Jésus-Christ, vénération qu'ils manifestaient par le signe de la croix avec la main, qui était alors fort en usage ; car il y a à ce sujet un texte célèbre du même Tertullien (*De Coronâ, c. 4.*)

Le concile d'Illiberis, tenu vers l'an 305, défendit les peintures qui pourraient avoir rapport au culte des chrétiens. *Placuit picturas esse in ecclesiâ non debere, ne quod colitur et adoratur in parietibus depingatur.* Cette défense ne pouvait sans doute, comme l'observe très-judicieusement M. Raoul-Rochette [1], concerner les catacombes, mais seulement le culte extérieur ; j'ajouterai cependant qu'elle devait rendre les chrétiens extrêmement circonspects pour les images portatives comme pour celles qu'ils se permettaient dans leurs retraites cachées ; car il est à remarquer que les peintures des catacombes ne représentent généralement que des sujets symboliques ou tirés de la Bible, ce qui ne pouvait être une infraction directe aux prescriptions des Pères de l'Eglise.

Minucius [2], écrivain du commencement du IIIe siècle, place dans les accusations injustes de Cécilius aux chrétiens d'alors des reproches sur l'adoration de la croix et la représentation sur leurs autels de Jésus crucifié ; mais rien dans ses écrits ne constate que ce reproche soit fondé, si ce n'est sur le respect des premiers chrétiens pour l'instrument même du supplice de Jésus-Christ et leurs prédications sur le Dieu fait homme crucifié.

Minucius rend aux idolâtres, dans la personne de Cécilius, le reproche d'adorer la croix, et cela en repoussant les autres accusations. D'ailleurs, je ne nie pas que quelques chrétiens, poussés par un excès de zèle, aient représenté, en cachette peut-être, la croix de Jésus-Christ ; mais je pense que cela n'a pu être qu'en dehors des prescriptions des Pères de l'Eglise. Que de chrétiens compromettent aujourd'hui la Religion par un zèle souvent mal entendu et blâmé de leurs pasteurs, et fournissent par là des armes à ses ennemis pour l'attaquer !

Saint Paul a sans doute beaucoup parlé de Jésus crucifié : cette pensée semblait et devait prédominer toutes ses instructions ; mais de là à représenter Jésus-Christ sur la croix, il y avait une grande distance, et, je le demande, quels sont les fils dont le père chéri aurait subi un supplice infâme et humiliant par une punition injuste

[1] Tomb. des Cat. de Rome, page 166.

[2] Voyez l'*Octavius de Minucius Felix*, trad. en regard du texte, par M. Ant. Péricaud, de l'Académie de Lyon, pages 47, 59 et 169. Lyon, 1823.

de son attachement et dévouement à son Dieu et à son Roi, qui en supporteraient l'image et la présenteraient à leurs amis, surtout quand ce drame serait encore tout récent et que la plaie de leur cœur serait encore toute saignante? Saint Paul, comme les autres apôtres, ne pouvait faire autrement que de prêcher aux nations Jésus-Christ mort sur la croix pour la rédemption du monde; mais il a dû se borner aux récits qui, certes, étaient assez puissants pour émouvoir les cœurs les plus endurcis; et les considérations les plus sages devaient non-seulement les empêcher de faire l'image de leur divin Maître, mais encore d'en tolérer la représentation. Saint Luc et saint Nicodème, tout peintres qu'on les fait, ont dû en agir de même; et croit-on donc que si ces deux disciples eussent représenté Jésus-Christ sur la croix, saint Paul, dans ses nombreux écrits, n'en eût pas parlé?

A Rome cependant, comme ailleurs, on m'a fait voir quelques crucifix, auxquels les uns donnaient une haute origine aussi peu fondée que celle de ces Christs et de ces Vierges que dans tous les coins de l'Italie on attribue à saint Luc et à saint Nicodème. J'interrogeai encore les livres archéologiques et ceux qui ont traité de la croix : rien, absolument rien sur l'existence incontestable de crucifix antiques [1].

Les faussaires en fait d'antiquités, qui abondent à Rome, n'ont pas manqué de faire quelques crucifix d'un style antique, avec lesquels ils surprennent la bonne foi de quelques étrangers, avides d'emporter de Rome nouvelle un souvenir de Rome l'ancienne. Mgr. le cardinal de Rohan, mort archevêque de Besançon, me fit voir un Christ qu'on lui avait vendu, comme venant des catacombes; je l'ai revu honorablement placé dans la chambre de son successeur au même siége; cette pièce ne laisse aucun doute sur une tout autre origine que celle qu'on prétend lui donner.

Le plus ancien crucifix connu semble, suivant quelques-uns, être celui qui existe à Nole, royaume de Naples, et dont il serait

---

[1] Saint Grégoire de Nazianze ou Apollinaire. — Grégoire de Tours, liv. Ier, *De Glor. Mart.* ch. VI. — *Nonius*, sur saint Jean, ch. XIX. v. 18, 15, 8. — D. Mallonius. — *Alph. Palæotus*, ch. XIX. *De stigmatibus Christi.* — *Vossius, Harmon. Evang.* liv. II. ch. VII. § 28. — *Juste-Lipse, De Cruce* ch. X. — Georges Calixte, *Binæus*, liv. III, *De Morte J. C.* ch. V, XI, XII. — Saint Ambroise et saint Augustin ont parlé de la croix et du crucifiement; ce dernier, seul, semble, dans son *Append. de vià eremiticâ*, cap. XXXIX. inviter les religieux à avoir le crucifix sur l'autel; mais saint Augustin était bien postérieur à Constantin, puisqu'il est mort dans le Ve siècle.

fait mention, dit-on, par saint Paulin qui vivait dans le Ve siècle [1].
Celui de Lucques est beaucoup moins ancien. A Saint-Jean-de-
Latran, on garde précieusement un crucifix qu'on fait remonter
au temps de Charlemagne. Le Christ d'Amiens ne remonte guère
au delà du XIe ou XIIe siècle. Tous ces Christs sont vêtus d'une tunique, ainsi que celui de Cologne.

Sans prétendre poser ici mon opinion comme règle de celle de
qui que ce soit, mais en l'offrant seulement comme résultat de ce
que j'ai étudié, quoique encore trop imparfaitement, et la présen-
tant comme sujet d'étude à des hommes plus érudits et plus éclairés
que moi, je dis qu'il est probable que la croix même n'a été généralement vénérée par les premiers chrétiens, qu'après l'exaltation
de la vraie croix par l'impératrice Hélène, mère du grand Constantin, et après l'édit par lequel cet empereur abolit l'infamie atta-
chée au supplice de la croix ; que c'est plus tard encore que les
chrétiens se permirent, mais toujours timidement et avec une
pieuse réserve, de représenter le Christ sur la croix. J'appuie cette
opinion :

1° Sur l'absence de monuments antiques en ce genre ; car si les
premiers chrétiens eussent eu des crucifix cachés sur eux, ou
dans leurs retraites, dans les temps de persécution avant Constantin,
pourquoi n'en trouverait-on pas aujourd'hui dans les fouilles,
faites sur les sols qu'ils ont foulés aux pieds tout comme les
païens, dont nous possédons tant de divinités et d'ustensiles particuliers ?

2° Sur ce que l'on voulait ménager la susceptibilité des Juifs et
des Gentils qui avaient horreur du supplice de la croix réservé
alors aux esclaves ; il y avait déjà bien assez d'obstacles qui éloi-
gnaient les païens du Christianisme, sans y ajouter celui que pouvait faire naître la vue de cette représentation.

3° Sur le respect que les premiers chrétiens avaient pour un
Dieu fait homme et crucifié, sentiment qui ne leur permettait pas
de reproduire l'image du crime des Juifs, alors qu'il se révélait à
eux par les récits les plus déchirants et les plus récents.

4° Sur ce qu'il était inutile de parler à leurs cœurs et de ré-
veiller leur foi, par la vue des tortures auxquelles le divin Rédempteur s'était soumis ; leur simple récit suffisait alors. Ce n'est
qu'à mesure que l'on s'éloignait de cette grande époque de la rédemption, que l'Église semble avoir toléré, si ce n'est provoqué, ces
images de la passion du Sauveur.

---

[1] Saint Paulin parle d'un Christ en mosaïque, dans une basilique ; mais je ne
sache pas qu'il ait parlé de celui de Nole : cela serait cependant possible.

5° Sur la position des premiers chrétiens, qui, vivant au milieu des païens, auxquels ils reprochaient leur idolâtrie, n'auraient pas osé se permettre les images de Jésus-Christ sur la croix, de peur de les scandaliser, et par cela aussi que tout signe extérieur leur était interdit.

6° Sur le sentiment primitif de pudeur, qui devait retenir les premiers pas des artistes, pour cette représentation du Sauveur du monde, dans l'état de nudité et d'ignominie, dans lequel les Juifs l'avaient mis à mort.

On rapporte que dans le VIe siècle on envoya un Christ nu, sur la croix, à un évêque de Narbonne, lequel n'osa jamais l'exposer à la vue des fidèles, et le couvrit d'un voile : c'est à ce sentiment sans doute que l'on doit les représentations de ces Christs enjuponnés ou en tunique, que l'on voit à Nole, à Lucques, à Amiens, à Cologne, à Trèves et autre part. Félix, évêque de Nantes, fit placer un crucifix dans l'église, qu'il fit bâtir en 568 dans cette ville. Le Christ était d'argent et ceint d'un jupon en or enrichi de pierreries.

Léon l'Isaurien, à son entrée à Constantinople, trouva dans le palais des empereurs un crucifix qu'il fit renverser. L'histoire nous cite ces monuments de la foi chrétienne, comme des choses extraordinaires ; donc elles étaient peu usitées alors. Et il fallait bien qu'il y eût à la fin du huitième siècle quelque hésitation à représenter Jésus-Christ crucifié et dans les tortures de sa passion, puisque les Pères du concile [1], après les hérésies et les ravages des iconoclastes, déclarent que non-seulement les chrétiens pourront à l'avenir représenter les images des Saints, mais encore les sujets de la passion de Jésus-Christ [2].

Ces courtes observations, que je regrette de ne pouvoir étendre davantage, m'ont porté à croire, comme je l'ai déjà dit, que la croix n'a été *généralement* honorée et vénérée chez les chrétiens, qu'après qu'elle fut honorée et arborée par l'empereur Constantin, et qu'insensiblement on en vint à la représentation du Christ sur la croix : l'étude que je compte faire encore à ce sujet, qui est l'un des plus beaux de l'archéologie chrétienne, me porte à garder mes Crucifix et à poursuivre cette collection, qui offre

---

[1] Voyez les Canons de quelques évêques réunis en conciliabule, tenu à Constantinople, en 787, après le 6me Concile général, 3me de Constantinople.

[2] Le pape Adrien Ier écrivant à Tévasios, patriarche de Constantinople, répète à peu près les Canons faussement attribués au 6me Concile général. Cette lettre est insérée dans la 2me session du 7me Concile œcuménique, 2me de Nicée.

un vif intérêt sous beaucoup de rapports. C'est pour cela qu'il n'en figure aucun dans mon Catalogue.

Je termine là cette esquisse en comptant sur la bienveillance de mes lecteurs, pour un travail fait à la hâte, quoique fruit de longues études et observations ; mais j'ai cru devoir profiter de la publication du Catalogue de ma collection pour dire un mot sur l'histoire du Crucifix, en partant du point de vue archéologique. Je blesserai, je le pense, bien des susceptibilités, je choquerai peut-être bien des opinions ; cependant, en me déterminant à cette courte publication, je n'ai pas agi sans avoir consulté les ecclésiastiques le plus haut placés et les plus instruits ; qu'il me suffise de dire que je n'ai trouvé aucune contradiction chez ceux dont les connaissances archéologiques se rencontraient réunies à la science de l'histoire de la Religion.

J'espère qu'après quelques observations sérieuses, les personnes qui seront surprises de l'opinion que je manifeste ici, me rendront justice : ce sera la plus grande satisfaction que pourra éprouver un homme qui s'honore de marcher sous la bannière de l'Eglise fondée par *Jésus-Christ crucifié*.

II.

DES ÉMAUX.

Depuis quelques années la science des émaux a fait d'immenses progrès, et l'opinion au sujet de leur origine a presque entièrement changé ; on circonscrivait alors ceux de Limoges au cercle étroit des Laudin et des Noualhier, et encore était-ce avec une espèce de mépris. J'ai toujours combattu cette opinion, et sans me flatter d'avoir opéré ce changement, du moins puis-je réclamer la priorité de celle qui a restitué à la ville de Limoges une industrie artistique, qui lui appartient presque exclusivement. Aujourd'hui encore l'on attribue à Byzance une grande partie des émaux incrustés dans le cuivre. Mais plus j'étudie les émaux et leurs moindres détails, que l'on néglige peut-être trop dans les catalogues, plus je suis porté à croire que cet art appartient à la ville de Limoges depuis une haute antiquité. Sans entrer ici dans toutes les considérations qui militent en faveur de cette opinion, je citerai les principaux points sur lesquels je l'appuie.

Les Chinois sans contredit ont possédé et possèdent encore cet art ; les Égyptiens et les Romains nous laissent aussi des preuves de son enfance. Byzance, dit-on, a exploité cette industrie, et nous lui devrions, selon quelques-uns, ces coffrets en émail incrusté appelés châsses parce qu'ils servaient à renfermer des corps ou parcelles de corps saints, et byzantins parce que telle serait leur origine, que nos croisés les auraient rapportés de Byzance. Cette opinion est pour le moins hasardée à mes yeux, et ne s'appuie sur aucune preuve. Qu'il me suffise de faire à ce sujet une simple observation : c'est que, s'il s'était fabriqué des émaux à incrustation à Byzance, on en trouverait encore dans le pays ; il est à remarquer qu'ils sont très-nombreux en France, qu'on n'en trouve presque pas en Italie et en Allemagne, et point du tout, dit-on, en Turquie.

Cette observation s'applique aussi aux émaux des XVe, XVIe, XVIIe et XVIIIe siècles ; ceux que l'on trouve en Allemagne et en Italie, et qui sont signés, portent les marques des émailleurs de Limoges, à part une ou deux signatures ou marques encore inconnues. Je dois observer aussi qu'il ne serait pas probable que l'on eût fait faire à Byzance ces coffrets, bassins et candelabres aux armes de France ou de personnages de ce royaume ; tout dans les objets du style byzantin respire une fabrication du pays : le caractère des lettres, la destination des objets, leur nombre, ainsi que d'autres considérations que j'exposerai plus tard.

On cite les devants d'autel de Saint-Marc à Venise, de Saint-Ambroise à Milan, et de Monza, qu'on suppose faits à Byzance ; cette opinion est dénuée de preuves, et par la même raison que les émaux de fabrique plus récente ont été transportés de Limoges à l'étranger, de même dans des temps plus reculés, cette ville a pu envoyer au loin ses riches et belles productions. Le nom de l'artiste du devant d'autel de Saint-Ambroise à Milan serait, suivant quelques-uns, une preuve irrécusable de son origine orientale : V. VOLVINIVS MAGISTER PHABER ; ce nom me semble à moi occidental, ne le serait-il pas ? J'opposerai à cela que si, à une époque plus rapprochée, les Corteys, les Rexman, dont les noms sont incontestablement étrangers, ont illustré la fabrique d'émaux de Limoges, si les plus grands artistes d'Italie ont travaillé pour l'alimenter, pourquoi, à des époques plus reculées, alors que les Grecs portaient encore le sceptre des arts et introduisaient le style en Europe, quelques-uns d'entre eux ne seraient-ils pas venus chercher fortune à Limoges ?

J'ai dit que l'art d'émailler a dû être exercé à Limoges depuis une haute antiquité : cette ville était colonie romaine ; son industrie pour l'orfèvrerie et les bijoux était célèbre sous le roi Dagobert ; car, suivant plusieurs auteurs, saint Eloi, qui y fit son apprentissage chez Abbon, célèbre orfèvre et monétaire, fut appelé à faire le trône de ce roi. Si l'art de l'orfèvrerie était si perfectionné à Limoges[1] à cette époque, cela ne semblerait-il pas prouver en faveur de sa haute origine ? Or, du temps des Romains, l'art de l'émailleur semblait inséparable de l'art du bijoutier : on en trouve la preuve dans les nombreux bijoux émaillés de cette époque que possèdent les musées et les collections particulières. Il est plus que probable que les Romains, ayant conquis la Gaule, faisaient valoir l'industrie de ses habitants ; et l'art d'émailler les bijoux avec incrus-

---

[1] M. Maurice Ardant, de Limoges, a écrit des choses très judicieuses sur ce sujet et sur les émailleurs.

lation n'a-t-il pas dû donner naissance à celui des objets plus considérables à émaux incrustés dans un métal moins précieux? Il existe, il est vrai, peu de pièces dans ce genre d'une haute antiquité : l'une d'elles a été trouvée en 1834 dans le comté d'Essex en Angleterre, et se trouve décrite et représentée dans le 26ᵉ volume de l'Archéologie de M. Gage ; et si cette pièce curieuse a le caractère gallo-romain, on ne doit pas oublier que Limoges était colonie romaine. M. le comte de Pourtalès a aussi un débris d'émail qui semble avoir été monté en couverture de manuscrit dans des temps reculés ; cet émail, d'une assez haute antiquité, paraît avoir été inspiré par les mosaïques antiques. La pièce décrite dans ce catalogue sous le n° 206 est aussi d'un caractère d'ornements fort ancien ; l'émail est incrusté dans le cuivre fondu, et ses ornements ont un caractère gallo-romain, ou tout au moins roman.

Il est à regretter que les artistes de peintures en émail n'aient pas eu l'habitude de signer leurs ouvrages antérieurement au **XVI**ᵉ siècle, à de très-rares exceptions près; mais, malgré ce vide, je dis que l'art de l'émailleur à Limoges remonte à la plus haute antiquité. Je le prouverai encore par l'histoire, les chartes et les monuments.

Par l'histoire : Philostrate, qui vivait dans le **III**ᵉ siècle, parle indubitablement de l'art de l'émailleur, lorsqu'en décrivant les harnais de cette époque, enrichis d'or et de pierreries sans doute en verres de différentes couleurs, il dit que *les barbares qui habitent près de l'océan étendent ces couleurs sur de l'airain, qu'elles y adhèrent, et que, devenant aussi dures que la pierre, elles conservent inaltérablement les figures qu'elles représentent* [1]. Ceci me semble péremptoire, et confirme toutes les suppositions basées sur les faits matériels ; il est bien certain que, s'il eût existé une fabrication d'émaux à Byzance, Philostrate n'aurait pas cité comme chose extraordinaire ce qui se faisait si loin de lui. Que cet art se soit ensuite porté ailleurs, je ne le conteste pas; mais je dis que Limoges en a eu le domaine primitif sous le rapport artistique, et que cette ville a tenu le sceptre de cet art jusqu'au **XVIII**ᵉ siècle.

Par les chartes : Les anciens inventaires du mobilier des églises contiennent souvent l'indication de ces coffrets ou châsses, et autres objets émaillés de Limoges ; on y lit fréquemment en latin incorrect: *Coffri, cuprei Lemovicenses; candelabra, de cupro, de opere Li-*

---

[1] Ταῦτα φασὶ τὰ χρώματα τοὺς ἐν Ὠκεανῷ Βαρβάρους ἐγχεῖν τῷ χαλκῷ διαπύρῳ, τὰ δὲ συνίστασθαι καὶ λιθοῦσθαι, καὶ σώζειν ἃ ἐγράφη. Philostrat. *Icon.* lib. I. c. XXVIII

moricense ; patellæ, bacini de Limogiis, tabulæ æneæ, pixides, cruces, etc. ; *de opere lemovitico*, *de labore Limogiæ*, etc. ; *smaltum, opus de Limogia*, *labor de Limogia*, *de opere Lemovitico*, *limoceno*, *lemovicensi*, etc.

Or, comment, si quelques-uns des objets dont nous parlons venaient de Byzance, n'en serait-il pas fait mention dans quelques chartes ? C'est toujours de Limoges qu'il est question : Ducange cite encore une donation faite en 1197 à l'église de sainte Marguerite de Veglia en Apulie ; dans la charte qui en fait mention on lit : *Duas tabulas æneas superauratas de labore Limogiæ*. Pierre de Nemours donna à l'église de la Chapelle en Brie : *Coffros Lemovicenses* [1] ; l'*Anglicanum monasticum*, page 313, cite aussi : *Duæ coffræ rubræ, de opere Lemovicensi* [2].

Dans l'histoire du Dauphiné et des princes Dauphins, citée par Monteil, on parle de quelques vases de Limoges faisant partie de l'inventaire de Humbert II [3].

Par les monuments : La crosse de Ragenfroy, évêque de Chartres au Xe siècle, signée : *Frater Willelmus me fecit*, a certainement dû être faite à Limoges ; tout en elle semble le prouver, et surtout le style du dessin.

Les émaux incrustés dans le cuivre n. 184, 197 et 204 des XIe—XIIIe siècle, portent avec eux les preuves qu'ils n'ont pas été faits à Byzance ; il suffira d'examiner les caractères de l'alpha et de l'oméga, qui ne sont ni grecs ni hébreux. Dans le n° 197, l'artiste ne sachant comment faire pour représenter ce monogramme, en a mis un fantastique ressemblant à un V, dont la base serait carrée. La coupe de l'abbaye de Montmajour, près d'Arles, aujourd'hui conservée au musée du Louvre, passerait pour byzantine, si elle ne portait à son intérieur l'inscription de son auteur de Limoges : MAGISTE. C. ALPAIS ME FECIT LEMOVITICUM [4].

---

[1] *Gallia*, X, 1, 442.

[2] Ducange, v° *Limogia*, dit qu'en 1240, dans un article d'un Synode tenu cette même année, il est fait mention de deux ciboires de Limoges : *Duæ pixides de opere Lemovicena, in quâ hostiæ conservantur*. Le ciboire conservé au Louvre et venant de l'abbaye de Montmajour, serait-il l'un de ces deux? il porte le caractère du XIIe au XIIIe siècle.

[3] M. L. Dussieux a publié, en 1841, une Notice fort intéressante sur les émaux, de laquelle j'ai emprunté quelques-unes de mes citations.

[4] Le style byzantin prédominait tellement alors en France, que tout portait son cachet, et je ne vois pas pourquoi les personnes qui veulent absolument attribuer à Byzance les émaux antérieurs au XIIIe siècle, ne lui attribuent pas aussi la construction des églises de ce style, que nous voyons encore aujourd'hui.

En entrant dans le XIV° siècle, le triptyque[1] n° 143 de ce catalogue offre une preuve contraire à l'opinion qui veut attribuer à l'Allemagne les émaux dont les peintures sont dans le style de l'école allemande; après les mots AVE MARI, cette pièce est signée MONVAERNI, et autour du collet du juste-au-corps du diable que foule à ses pieds sainte Catherine se lit le mot français : *J'enrage*. Dans le XV° siècle, pour ne pas aller chercher des preuves en dehors de ce catalogue, je trouve au n° 169 les noms français de IEHAN P. E. NICAVLAT.

L'opinion qui attribuait les beaux émaux du XVI° siècle à l'Italie dont l'école prédominait en France, pour le moins autant que l'école allemande dans les siècles précédents, nous offre aujourd'hui l'assurance que les Corteys et les Rexman, devenus insensiblement Courtois et Raymond, ont été contemporains de Léonard Limousin; et peu à peu nous trouvons de nouvelles signatures qui nous prouvent que l'art de l'émailleur a été le domaine presque exclusif de notre pays et de la ville de Limoges. On émaillait sans doute les bijoux dans d'autres villes et d'autres pays, parce que, comme je l'ai dit, l'art d'émailler les bijoux semble exister depuis des temps immémoriaux et partout où l'on fabriquait la joaillerie.

C'est sans doute l'art d'émailler les métaux qui a donné naissance à la faïence. Bernard de Palissy nous en offre une preuve, et il est certain que c'est après ses productions et celles des artistes

---

[1] On appelle *Triptyques*, les tableaux à trois volets, et *Diptyques*, ceux à deux. Les premiers chrétiens, presque toujours placés en présence ou en perspective des persécutions, étaient obligés, dans leur propre intérêt et aussi par les prescriptions des Pères de l'Eglise, de prendre de grands ménagements pour satisfaire leur foi et leur piété, et ne pouvaient, comme je l'ai dit dans la notice précédente, se permettre d'exposer des images à la vue des païens qui auraient pu en prendre un sujet de scandale : ils en firent de portatives sur tablettes de bois ou d'ivoire qu'ils pouvaient cacher ou détruire à la moindre apparence de persécution et de danger; les plus anciens représentent des sujets symboliques, quelques-uns la tête du Christ. Ces tablettes étaient le plus souvent accouplées par le nombre de deux ensemble : c'est de là que vient le nom de diptyque. Plus tard nos croisés emportèrent ainsi les objets de leur dévotion, et cet usage s'établit tellement dans le moyen âge, que chaque seigneur, pour ainsi dire, semblait porter avec lui un de ces petits meubles à deux ou trois volets, dont on voit aujourd'hui un assez bon nombre en peintures, ivoires et émaux, portant leurs armoiries. Les églises et les oratoires adoptèrent ce mode pour les tableaux de prix, qui se fermaient ou s'ouvraient, suivant les circonstances, et qui par cela étaient moins exposés à se détériorer. C'est sans doute aussi de ces diptyques des premiers chrétiens que vient l'usage du carton en forme de triptyque, c'est-à-dire, à trois volets, que l'on place encore aujourd'hui sur nos autels pendant le saint sacrifice de la Messe, et que l'on referme après.

d'Italie de la même époque, qu'on a adopté l'usage de la faïence ;
la vaisselle de luxe jusque là était en cuivre émaillé ou en argent,
et la plus ordinaire, en étain ou en bois. Nous devons au génie de
Bernard de Palissy ces beaux plats avec des ornements en relief si
admirables d'exécution, représentant des scènes religieuses, historiques, ou mythologiques, et le plus souvent des reptiles, poissons,
scarabées, etc. ; voyez les n. 245, 246, 247, 248, etc. Cet artiste ingénieux et persévérant alla étudier l'art de l'émailleur à Limoges, pour l'appliquer sur la terre cuite ; il vit bientôt après sa
réussite ses efforts récompensés par la protection royale et des
grands personnages de l'époque, pendant que les Robbia, les Geor-
gio de Ilgubio, Xanto, Orazio, Fontoua de Urbino, Frederico
Brandaris, Bagarelli de Modène et Flaminio à Florence produi-
saient ces belles faïences peintes appelées majolica, parce que, dit-
on, elles tiraient leur origine de Majorque, ce que semblerait
prouver l'existence de quelques faïences dans le style mauresque.
(Voir les n. 210 et 211 de ce catalogue.) Les produits de Bernard de Palissy excitèrent le génie et l'émulation d'autres artistes
en France, et l'on vit les villes d'Avignon, de Nevers et de Beau-
vais produire des faïences ou poteries qui ont chacune leur caractère particulier. On attribue aux fabriques de la première de
ces villes les faïences brunes dont on voit les plateaux à galeries
dans le genre du n° 262. Celles de Nevers imitaient imparfaitement celles de Faenza, et produisirent plus tard, je crois, ces
faïences peintes en camaïeu, comme les n. 230 et 231. A Beau-
vais l'on fabriquait celles en grès dans le genre de celles de Hollande ; voyez les n. 234, 235, 236, etc. de ce catalogue. Cette
fabrique rivalisait peut-être avantageusement avec celle de Hollande.

L'art d'émailler fut exploité à cette même époque avec un grand
talent pour les vitraux de couleurs, pendant que les Vénitiens l'ap-
pliquaient avec une adresse incroyable sur des ustensiles en verre
d'une légèreté et d'une élégance, qui fait aujourd'hui le sujet de
notre admiration et celui des efforts des verriers.

L'industrie qui avait illustré pendant plusieurs siècles la ville
de Limoges s'éteignit ensuite dans la personne de M. Nouailher,
vers la fin du XVIIIe siècle, pendant qu'elle suivait dans d'autres villes la direction que lui avaient donnée au milieu du XVIIe
siècle Jean Petitot et Bordier. Touron, Barbette, Constantin et
autres leur succédèrent ; mais leurs émaux, comme ceux qui se
font aujourd'hui à Genève, sont peints sur émail blanc, tandis
que ceux de Limoges, qui antérieurement au XIVe siècle étaient
peints par épaisseur de couleurs, incrustées dans le métal, puis
ensuite sur le métal, vers le commencement du XVIe siècle se

peignaient en grisaille sur une couche d'émail noir, superposée sur le métal, ou en couleur sur des paillons d'or ou d'argent. Ce travail consistait à pulvériser l'émail dans un petit mortier, avec un pilon en pierre dure, généralement en agathe; puis on délayait cette poudre avec de l'eau légèrement gommée; on étendait cette couleur dans les creux du métal préparés à cet effet, que l'on exposait à la chaleur ardente d'un four construit exprès : l'eau s'évaporait, l'émail se mettait en fusion, puis on le retirait. On avait besoin de renouveler plusieurs fois cette opération pour les émaux incrustés dans le métal, jusqu'à ce que l'émail dépassât le niveau des parties saillantes de la plaque : alors on la limait; de là, ces raies que l'on voit souvent aux anciens émaux style byzantin [1] (plus tard, sans doute, on les passa à la meule comme aujourd'hui); puis alors on gravait les parties de cuivre, et on les dorait en faisant passer la plaque au four, pour que l'émail qui avait perdu de son brillant par l'effet de la lime ou de la meule reprît l'éclat de ses couleurs par une légère fusion. L'opération était la même à peu près pour les couches superposées, à part que la lime ou la meule était inutile. On peignait ensuite sur la couche d'émail noir avec les couleurs d'émail pulvérisées comme à la peinture à la gouache, et l'on passait et repassait l'objet émaillé au four, à chaque retouche, jusqu'à la parfaite réussite. Cependant il est hors de doute que les mises au four trop multipliées devenaient dangereuses et pouvaient amener des gerçures.

Il est une foule de détails qui accompagnent les opérations dont je viens de parler, et qu'il serait sans utilité de signaler ici.

En terminant cette courte notice sur laquelle je me propose de revenir plus sérieusement un jour, je crois pouvoir donner une liste assez considérable des émailleurs de Limoges, en y comprenant les noms de l'auteur du devant d'autel de Milan (Paladoro) et celui de la crosse de Ragenfroy, évêque de Chartres, au milieu du X⁵ siècle. J'observe que, si j'ai obtenu quelques renseignements particuliers sur les dates et les noms, je les dois, en outre des objets que j'ai eu le bonheur de collecter, à l'obligeance de MM. Cailleux, Cte. de Pourtalès, Sauvageot, Brunet Denon, et de Bruges, de Paris, qui m'ont permis de visiter les émaux à leur disposition. J'en ai trouvé aussi de fort utiles dans la belle collection de M. Lambert, de Lyon, et dans celle du roi de Prusse, quoique cette dernière soit bien moins riche en émaux qu'en ivoires.

---

[1] C'est à ce travail qu'a sans doute rapport l'inscription de la crosse de Ragenfroy que l'on voit encore à Chartres : *Scribe faber lima : David hec fecit nuncio primi,* en lieu de *prima.*

Je classe les noms des émailleurs connus jusqu'à ce jour par ordre de date, en y comprenant les noms de Volvinius et de Willelmus.

LISTE

DES SIGNATURES ET MONOGRAMMES

DES ÉMAILLEURS DE LIMOGES,

OU PRÉSUMÉS DE LIMOGES,

PAR ORDRE CHRONOLOGIQUE.

MAGISTER V. VOLVINIVS (IXe — Xe siècle.) — Paladoro de Saint-Ambroise, à Milan.

FRATER WILLELMVS (Xe siècle.) — La crosse de Ragenfroy, évêque de Chartres.

MAGISTER G. ALPAIS (XIIIe siècle.) — Au Louvre. Ciboire style bysantin, trouvé dans la tombe de Bertrand de Malzand, abbé de Montmajour en 1280.

I. et P. LEMOVICI (XIVe siècle.) — Mausolée du cardinal Pierre, de la chapelle Taillefer.

MONVAERNI (XIVe siècle.) — Catalogue D. Petit, n° 123.

I. D. liés ensemble par un nœud (XVe siècle.) — Cabinet du roi de Prusse, catalogue de D. Petit, n° 41.

IEHAN. P. E. NICAVLAT (XVe siècle.) — Catalogue D. Petit, n° 169.

LEONARDUS LEMOVICUS INVETOR (1538.) — Couvercle de coupe, sujet historique, chez M. Louis Fould, à Paris.

LEONARD LIMOVSIN (1539.) — Catalogue de D. Petit, n° 96. — **LEONARD LIMOUSIN PEINCTRE ORDINAIRE DE LA CHAMBRE DU ROI** (1553.) au Louvre, grand tableau composé de plusieurs'compartiments, chef-d'œuvre de cet artiste, 1533. chez **M.** de Bruges, sur une série. — L. L. sur beaucoup d'émaux, et avec la date de 1574 sur un émail sujet allégorique, collection de Bruges et collection **D.** Petit.

I. F. (1535.)—Sur un émail qui m'a passé entre les mains avec la légende *Porta salutis*.

FRANCOIS LIMOVSIN — chez **M.** Espaulart, au Mans.

F. I. (1534.) —Portrait de Clément VII, collection Sauvageot.

P. REXMAN — sur plusieurs émaux dans les collections diverses. — **P. REMMO** (1538.) jolis émaux en grisaille, chez M. Brunet Denon. — **P. REXMON** (1544.) coupe peinture en camaïeu vert et gris, collection Sauvageot.—**P. REMON** (1546.) une coupe chez M. Roussel. — **P. R.** Catalogue D. Petit, pièce capitale, n° 45 et 99, 102, 103, et au Kunstkammer, cabinet du roi de Prusse, à Berlin, avec la date de 1571.

IAN PENICAULT— sur des émaux en grisaille très-beau style, chez M. Benoît, serrurier au Mans. — **IOHANVS PENICAVDI IVNIOR** (1539.) catalogue Walpool, Londres, 1841, n° 59. — I. P. — Catalogue D. Petit, n° 114 et autres.

M. REYMOND. —Grand plat peinture sur paillons de couleur, chez M. Pilois, à Bordeaux. — M. R. sur de petits médaillons émaux de couleur, au Louvre.

P. CORTEYS (1557.) — Joint à la marque de Marc-Antoine, beau portrait avec armoirie, catalogue **D.** Petit, n° 88. — **P. COURTEYS**, coffret émail sur paillons, catalogue D. Petit, n° 95. — **P. CORTOYOS** et **R. P. CORTOYOS. P. CORTOIS. P. COVRTOYS** (1559.) sur de très-grands émaux, chez M. Delaunay, à Paris. — **P. COURTOIS** sur quelques émaux. — **P. C.** (1568.), sur beaucoup d'émaux.

BERNHART LIMOUSIN — Au musée de Dresde.

IEHAN LIMOSIN — Peinture en émail sur paillons de couleur, au Louvre ; sujet, Esther devant Assuérus. — I. L. sur une salière même genre, chez M. Roussel, à Paris.

IEHAN COURT. DIT VIGIER (1556.) — Belle coupe aux armes d'Ecosse, chez **M.** le comte de Pourtalès, à Paris, et sur un plat du Kunstkammer à Berlin, avec l'indication de *à Limoges par Iehan Court. dit Vigier.* — I. COURT. DIT VIGIER chez

M. de Bruges. — I. COURTOIS. (1568.) — Grand plat, au Louvre, représentant 4 fleuves. — I. C. (du même.) — Sur beaucoup d'émaux grisaille chairs saumonées. Catalogue D. Petit, 101.

S. COURTOIS. — Sur quelques émaux. — SUSANNE COURT. au Louvre. — SUSANNE DE COURT. F. une aiguière en émail de couleurs, au Louvre. — S. C. (la même.) sur beaucoup d'émaux sur paillons de couleur.

M. C. — (que je présume être la marque d'un Courtois), sur un beau plat en émail de couleurs, chez M. de Bruges, même genre que Jean Courtois.

M. D. — Sur une belle suite d'émaux peints en grisaille, de la collection de M. Lambert, à Lyon, même sujet, même composition, même style que le grand triptyque. Catalogue D. Petit, n. 36, 145 et 158. — M. D.[1] PP. sur un émail, fort beau style, décollation de saint Jean B. même style que les émaux avec les marques ci-jointes. — M. D. PAPE. petit coffret peinture en grisaille fin d'exécution, M. Brunet Denon, l'histoire de Samson. — M. D. PAPE. la Vierge et l'enfant Jésus, beau style, chez M. Sauvageot. Sans I dans le D. peut-être effacé.

KIP. — Emaux très-fins d'exécution. J'ai vu chez M. Brunet Denon un émail incontestablement de la même main que celui de ce catalogue, n. 54, signé I. P., et M. Roussel en a un de la même signature[2].

E. MERSIER. — Catalogue D. Petit, saint Paul, fort beau style, n. 112.

E. — Chez M. de Bruges sur un médaillon, même style, XVIe siècle. Je présume la lettre M effacée.

PEYGUILLON — Collection Paulet.

IZAAC MARTIN — Catalogue D. Petit, n. 37 et 38.

---

[1] Le D renfermant un I, quelquefois non.

[2] Ces remarques prouvent que cette signature a besoin d'être étudiée ; M. Auguste Brolemann, à Lyon, a un émail semblable au n° 53 de ce Catalogue, avec la marque KIP.

C. N. (que je crois un Nouailher.)—Catalogue D. Petit, n. 135, beau style. XVIᵉ siècle.

T. B. (liés ensemble.) — **Au musée de Poitiers, marque si-gnalée par M. Dussieux.**

M. C. (que je crois un Courtois)—Chez **M. de Bruges, sur un** beau plat en émail de couleurs.

PIERRE COLIN — **Genre du n. 31, catalogue D. Petit, en** circulation, suivant l'opinion de M. Carrand.

S. LOBAUD (1583.) — Cat. D. Petit, n. 27.

F. P. MIMBIELE (1583.) — Cat. D. Petit.

F. LAVRENT — Dans le commerce. — F. L. (1582.) cat. D. Petit, 13, 14 et 163.

H. PONCET (XVIIᵉ siècle.) — Cat. D. Petit, n. 87. — H. P. L. (que je crois H. Poncet Limousin.) marque citée par M. Ardant, page 98.

I. R. (1625.) — Cat. D. Petit, n. 171 et 172. (que je présume être un Raymond.)

I. D. C. (peut-être encore un Courtois.) — Sur un luminaire, au Louvre, peint sur paillons de couleurs, et chez M. de Bruges.

POILLEVET (1694.) — D'après plusieurs écrivains.

I. B. NOUAILHER [1] (XVIIᵉ et XVIIIᵉ siècles.) — Cat. D. Petit, n. 2 et 119.

NLAUDIN aîné, ou N. (XVIIᵉ et XVIIIᵉ siècles.) — Cat. D. Petit, n. 21, 23, etc.

I. LAUDIN et I. L. (XVII et XVIIIᵉ siècles.) — Cat. D. Petit, n. 4, 6, 10, et avec la date de 1693, au Louvre.

VALERIE LAUDIN (XVIIᵉ et XVIIIᵉ siècles.) — **A Dresde et** dans le commerce de France.

P. NOUAILHER (XVIIᵉ et XVIIIᵉ siècles.) — Catalogue D. Petit, n. 144.

---

[1] Quelques écrivains ont cité, je crois à tort, un Bernard Nouailher ; ils auront sans doute mal interprété le B placé devant ce nom, qui est l'initiale de Baptiste

I. NOUAILHER (XVIIe et XVIIIe siècles.) — Dans le commerce, suivant quelques écrivains [1].

SANDRART (1710.) — Au Kunstkammer, à Berlin. [2]

M. NOVAILHER (1765.) — Cité par M. Ardant, de Limoges.

LISTE

DES ÉMAILLEURS DE LIMOGES,

OU PRÉSUMÉS DE LIMOGES,

PAR ORDRE ALPHABÉTIQUE.

ALPAIS (C.) (XIIIe siècle.) — Au Louvre, à Paris.

BERNNART LIMOVSIN (XVIe siècle.) — A Dresde, musée.

CORTEYS (P.) ou Courtois (XVIe siècle.) — Collection D. Petit et autres.

COURTOIS (I.) (XVIe siècle.) — Au Louvre.

COURTOIS (Susanne de) (XVIe siècle.) — Au Louvre.

C. (M. C.) — Collection de Bruges, à Paris.

C. (I. D. C.) — Au Louvre.

COLIN (Pierre) — Selon M. Carrand, en circulation.

---

[1] Je ne connais pas cet émailleur ; ne serait-ce pas J. B. Nouailher ?

[2] Je comprends ici le nom de Sandrard, quoique cet émail soit l'unique que j'aie vu portant cette signature, et que je sois persuadé que c'est un essai que cet artiste a voulu faire dans le genre de Limoges, ou pour imiter les émaux de cette ville ; cet émail est d'une mauvaise réussite, quoique d'un beau style.

D. (I.) XVe siècle.) — A Berlin, au Kunstkammer.

E. (XVIe siècle.) — Chez M. de Bruges.

F. (I. F.) (XVIe siècle.) — En circulation.

FRANÇOIS LIMOUSIN (XVIe siècle.) — Au Mans, chez M. Espaulart.

I. (P. I.) (XVIe siècle.) — Collection Sauvageot.

I. LEMOVICI (XVIe siècle.)— Mausolée du tombeau du cardinal de la chapelle Taillefer.

IEHAN LIMOUSIN. (XVIe siècle.) — Au Louvre.

I. L. (XVIe siècle.) — Chez M. Roussel.

IEHAN P. (XVe siècle.) — Cat. D. Petit.

KIP. (XVIe siècle.) · — Cat. D. Petit.

LEONARD LIMOUSIN — Au Louvre et autres lieux.

LAURENT (F.) — Collect. D. Petit et autres.

LOBAUD (S.) (1583.) — Cat. D. Petit.

LAUDIN (Nicolas) ou NL. (XVII et XVIIIe siècles.) — Diverses collections.

LAUDIN (I.) ou I. L. (XVIIIe siècle.) — Cat. D. Petit, et autres.

LAUDIN (Valerie) (XVII et XVIIIe siècles.) — A Dresde.

MERSIER (E.) (XVIe siècle.) — Collect. D. Petit.

MARTIN (IZAAC) — Collect. D. Petit et autres.

MONVAERNI — Collect. D. Petit.

MIMBIELE (1585.) — Cat. D. Petit.

N. (C. N.) (XVIe siècle.) — Cat. D. Petit.

NOUAILHER (J. Bapt.) (XVII ou XVIIIe siècle.) — Catalog. D. Petit.

NOUAILHER (I.) (XVIIIe siècle.) — En circulation.

NOUAILHER (Pierre) (XVIIIe siècle.) — Coll. D. Petit et autres.

NICOLAS (Jehan P. E. NICAVLAT) (XVe siècle.) — Coll. D. Petit.

PAPE (M. D.) (M). (XVIe siècle.) — Coll. Brunet Denon et Sauvageot.

PEIGUILLON (XVIe siècle.) — Coll. Paulet.

PENICAULT (IEHAN.) (XVIe siècle.) — Cat. Walpool et chez M. Benoît, au Mans.

P. LEMOVICI (XIVe siècle.)

PONCET (H. P.) (XVIe siècle.) — Collection D. Petit.

POILLEVET (XVIIe siècle.) — Cité par M. Ardant et autres écrivains.

REXMAN ou P. R. (P. Raymond) (XVIe siècle.) — Plusieurs Collections.

RAYMOND (M. R.) (XVIe siècle.) — En circulation.

R. (I. R) (XVIIe siècle.) — Collection D. Petit.

SANDRART (XVIIIe siècle) — A Berlin, au Kunstkammer.

T. B. (XVIe siècle.) — Musée de Poitiers.

VOLVINIVS (V.) — (IX ou Xe siècle.) — A Saint-Ambroise, à Milan.

WILLELMVS. (X.) — A Chartres, crosse de Ragenfroy.

Je regrette que M. Dussieux n'ait pas cité l'origine du monogramme H. L. P. Je pense qu'il a voulu dire, H. P. L., qui serait, selon moi, H. Poncet Limousin. Sa marque P. N. ne doit être autre que les initiales de Pierre Nouailher. L. P. pourrait être Louis Peguillon, et son J. P. est, je pense, Jean Pénicault dont c'était la marque, le style seul de l'émail peut en décider. Son M. D.

appartient, je crois, à PAPE. Je n'admets pas ses deux Léonard, ni un Bernard Nouailher, que je ne connais point; je présume aussi que c'est par erreur que le même auteur a indiqué le prénom de Pénicault par une N au lieu d'un I. Ainsi, sur les 24 noms donnés par cet auteur, il n'y en a véritablement que 22 d'admissibles, et, sur ses neuf monogrammes, cinq feraient double emploi avec les noms cités par lui.

J'ai séparé les noms de *Jehan P. E. Nicaulat*, ne doutant pas qu'ils ne doivent l'être : en joignant les deux initiales placées entre le nom de Jehan et celui de Nicaulat à ce dernier, comme il est écrit, je trouverais à peu près celui de Pénicault. Cependant les lettres sont si distinctes et si bien séparées par des points, que je ne doute pas que ce ne soient les noms de deux émailleurs qui avaient associé leurs talents et leurs intérêts.

Je ne donne pas ici les noms des frères Huans au lieu de Huet, comme on l'a imprimé dans ce catalogue, au n. 79, parce que leurs émaux qui tiennent à la bijouterie ne sont plus dans le genre de ceux de Limoges : ils portent les caractères des émaux de Genève, du XVIII° siècle.

Cette étude des émailleurs ne pouvant se faire, à défaut d'autres documents, que sur leurs productions signées et datées, elle devient d'autant plus difficile, que les émaux qui ont échappé à la destruction sont disséminés plus que jamais, par le prix que commencent à y attacher les amateurs étrangers. Les recherches et observations demandent beaucoup de temps ; tout en voulant les continuer, je n'ai pas voulu manquer l'occasion que m'offrait l'impression de mon Catalogue, moins pour imposer mon opinion que pour l'éclairer par la controverse même qu'elle peut amener ; aussi réclamerai-je encore, en finissant, l'indulgence des hommes de lettres et des amateurs ; si j'ai pu jeter quelques lumières sur l'histoire du Crucifix et sur celle des émailleurs, ce n'est qu'à mes rapports avec eux que je le dois et à l'étude des monuments.

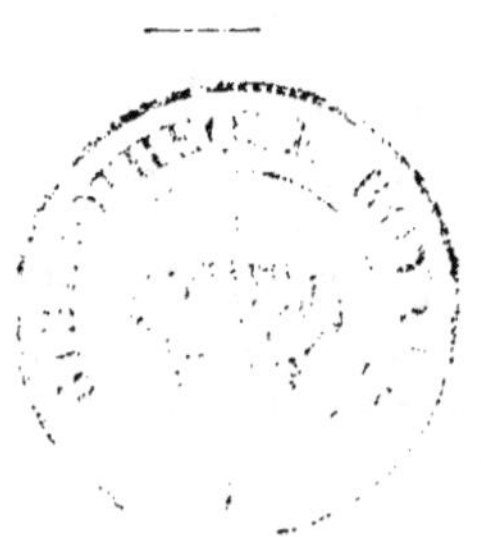